HEDIR AL-CHALABI

ȘOPTIND SUSPINE MUTE

Desene realizate de: Ioana Șimon Vlad
Concepția copertei: Daniel Pârjolea
                              Grecu Maria Luiza
Tehnoredactare: Iman Al-chalabi

HEDIR AL-CHALABI

ȘOPTIND SUSPINE MUTE

Prefață de Graziela Bârlă

Editura
David Press Print
Timișoara, 2012

Descrierea CIP a Bibliotecii Naţionale a României
AL-CHALABI, HEDIR
    Şoptind suspine mute / Hedir Al-Chalabi ; pref.:
Graziela Bârla. - Timişoara : David Press Print, 2012
    I. Bârla, Graziela (pref.)

821.135.1-1

Gânduri de bun venit

Aş vrea să citiţi cartea care îşi aşterne rândurile în paginile următoare cu aceeaşi seninătate ce mi-a umplut sufletul, atunci când am făcut-o eu. Fără nici un fel de prejudecăţi, cu dragoste.

Autoarea este un copil cu un suflet special. Copil nu doar pentru că are încă o vârstă prea fragedă, ci pentru că starea aceasta erupe din adâncul fiinţei ei; lucrul acesta respiră în fiecare vers, în fiecare mesaj pe care îl transmite unei lumi triste, adesea jalnice, mereu obosite, prăfuite şi care este departe de a înţelege universul atât de complex al fiecăruia dintre cetăţenii ei.

Versurile ei răzbat de dincolo de limitele gândirii, sau cel puţin speră să lumineze ochii înceţoşaţi pe care, lumea înconjurătoare, şi cutuma le ridică celor din jur.

Este de un optimism care vine de la Dumnezeu, nu de la oamenii care aproape că nu o văd, în cenuşiul cotidian, ei înşişi copleşiţi de mulţimea grijilor lor cotidiene.

Şi totuşi, autoarea nu urăşte universul din care face parte, încearcă să îl înţeleagă şi, de undeva de deasupra lucrurilor, îşi priveşte semenii copleşiţi de durere şi le acordă nu doar întreaga ei compasiune, ci şi toată dragostea de care este capabilă.

Nu ştiu cum aş putea cataloga mai exact o asemenea privire aruncată lumii şi care vine din profundul inimii: e atâta dragoste, încât tot răul pare să dispară sau, în tot cazul, să se facă mic, tot mai mic, insignifiant. Răul capătă, printr-un miracol de care nu este capabilă decât dragostea, conotaţii vindecătoare: Fă-mi rău şi-ţi mulţumesc,/ Fă-mi rău şi te iubesc,/Fă-mi rău ca să mă-nalţ.

Periodic izolată în lumea ei, caută legături de comunicare cu Divinitatea, angajându-se pe calea vieţii în adevăr şi iubire. Devotată omului aminteşte de legătura cu cei care i-au dat viaţă. Frământată de trecerea rapidă a timpului şi-ar dori să se bucure mai multă vreme de părinţi: „Dă-le Doamne ani din viaţă / Ia din anii mei umili", sacrificându-şi astfel anii pentru părinţii iubiţi. Dragostea se regăseşte mereu în spatele versurilor dând sens tuturor lucrurilor, astfel colorând viaţa în toate nuanţele.

Hedir este un copil mare, îmbătrânit dinainte de vreme. Înţeleptit. Şi care ne dă cea mai profundă şi caldă lecţie despre ceea ce înseamnă să întorci lumii şi celălalt obraz.

Nu cere decât atât: să avem răbdare şi să citim versurile ei calde, triste şi profunde fără nici o prejudecată şi dorindu-ne cu adevărat să ne vindecăm de oboseala pe care o întreaga epocă o aruncă pe umerii multor suflete lipsite de apărare.

Am convingerea că "Şoptind Suspine Mute" este o carte de referinţă a secolului în care trăim şi că este doar începutul prin care autoarea va rupe toate gratiile care o despart de o consacrare reală.

Graziela Bârlă
Ziarist profesionist, realizator TV

Cuvânt pentru voi

În locuri umbrite de timp, cuvintele par să-şi piardă sensul şi puterea. Pe cât de clare sunt lucrurile în lumină, pe atât de mult se înceţoşează când ea treptat dispare... dacă aş reuşi să oglindesc omul în vreun fel, probabil ar deveni transparent. Cuvântul, fiind unul dintre căile spre înţelepciune, îl las să eclipseze ochiul către suflet.

Poetul Abdullatif Celebi considera că fiecare dintre cărţile sale îi este „o prietenă adevărată şi iubitoare, care alungă toate grijile". Pentru mine, literele îmbinate într-o anumită ordine sunt magice, transformându-se în cuvinte ce se arcuiesc după sufletul ce le ghidează. Printre ele mă pierd, mă adâncesc. M-aş îngropa în cărţi, ele fiind cele care „relevă multe plăceri acelora care ştiu să le aleagă, dar niciun câştig nu se obţine fără efort", susţinea Montaigne.

Oriunde mi-a călcat piciorul, am avut şansa de a cunoaşte suflete mari, ce, cu răbdare au ascultat ce aveam de spus. Îmi aplec fruntea în faţa celor care şi-au lăsat amprenta în existenţa mea efemeră. Dragostea infinită însă, le-o dedic celor care m-au susţinut şi au crezut în mine necondiţionat, sacrificiul depăşind deseori limita firescului! Strălucirea ochilor lor mi-au fost ca nişte felinare, luminându-mi paginile pe care încercam din întuneric să le umplu.

Conştiinţa mea îşi are propriile valori şi încerc prin disponibilitatea mea sufletească să-i inspir pe cei aproape, să se reinventeze. N-aş fi omul care sunt, fără ca bunul Dumnezeu să-mi fi dăruit în viaţă, fiinţe cu mult curaj şi răbdare, care, mi-au fost într-un fel sau altul, călăuze. Mi s-a spus odată, metaforic vorbind, că dacă asociem calea până la acea sursă tainică din fiinţa noastră, cu săpatul unei fântâni, atunci putem şti că apa rece, limpede şi minunată la care vom ajunge este însăşi apa vieţii pe care o vom bea în eternitate. Mi-aş dori să pot avea uimitoarea influenţă subtilă de a face omul să intuiască spontan prezenţa acelei ape din profunzimile sale cu mult înainte de a ajunge la ea.

Chiar dacă pot vedea lumea în diferite peisaje, fie că e un tablou plin de viaţă sau de moarte, prefer să selectez esenţialul, comoara întregii vieţi: timpul nostru. Cât

timp voi scrie, simțiți-mă aproape pentru
că astfel, vă mulțumesc că sunteți!

Hedir

VĂ CÂNT ȘI AȘTEPT

Trupul meu miroase-a vers
Dar frunzele v-acoperă urechile
Nu m-auziți!
Vântul vă-nchide ochii
Nu mă vedeți!

Tremur și-ndur apocalipsa târzie
Reînvii, așternând rugina pe hârtie.
Sclava suferinței și-a iubirii eu sunt
Zi de zi eu vă cânt.

Ochiul respiră prin voi
Învăț să atârn printre îngeri
M-aplec peste Lună
Privesc mută haita de lupi.

Ghemuită, suport adâncul mister
Ce veșnic se ascunde-n sicriu
Respir, aștept, rămân mută
Aștept.

STATUIA DE LUT

Statuia de lut nu mai tace
Vraja i-a dat viață
Ea își rostește durerea
A aer uscat ea miroase.

Anotimpul n-a șters-o de praf
Mișcări de dans n-a învățat.
Amintirile-au trezit-o...
Ploaia i-a șters lacrima
Aripile-au învelit-o.
În singurătate s-a izolat
Între ziduri plutește
Deschide-ți ochii!
Statuia, cenușă s-a făcut!

SUSUR DE IZVOR

Mă doare trecutul meu cum trece
Prezentul e doar un trecut
Fără culoare, fără viață
În spatele ușii eu m-ascund.

Acum tot ce-ar fi fost în cale
Tot s-a secat și n-a rămas
Decât un dor cu amintiri curate
Ce-odată izvorul susura
Viețuitoarele...

Susur de izvor ce te-ai pierdut
Ce printre stânci te-ai poticnit
În vale un om te aștepta
Să curgi, să speli poteca sa.

MULȚUMESC PENTRU DURERE

La asta crezi că se rezumă viața?
Deții puterea-n mâna ta?
Mă izgonești de lângă tot ce-i sfânt și drag?

Sufletul de-mi schingiuiești
Oarbă și oloagă de mă lași
Chiar de într-o bună zi nu m-oi putea mișca
Pansamentul tot El mi-l va pune
Și mă Va vindeca.

Crezi că umilindu-mă câștigi?
Te-nșeli...
Fă-mi rău și-ți mulțumesc,
Fă-mi rău și te iubesc,
Fă-mi rău ca să mă-nalț,
Înjosește-mă să mă ridic!

Crunta-mi povară...
De-ai ști-o măcar
Că n-o duc doar eu
Mă-nalț și eu și toți pe care-i păstrez în mine!
De mă lovești și umilești,
De mă disprețuiești sau mă urăști
Mă-ndepărtezi.
Noaptea plâng, ziua iubesc
Mă bucur și sufăr
Îți mulțumesc!

SUNT PRINTRE VOI

Vouă vă mulţumesc!
Nu m-aţi uitat
Şi chiar de-am dispărut
Cenuşa nu mi-am risipit-o încă.
Sunt printre voi,
Dar timpul mi-e potrivnic.
Alinta-v-aş de-aş putea
De-atâta dor am obosit,
Nici scuza nu-mi mai dă fior
E prea târziu
Aş vrea să dorm!

PIERDUT ÎN TIMP

Ce scurt ne-a fost întregul drum
Un simplu „ceau"
Ș-idila noastră a luat sfârșit.

Cât mă gândesc l-acele vremuri
Și cât mă doare...
Cât timp pierdut
Dar totul trece
Viața s-a scurs,
Eu am rămas
Tu te-ai pierdut
Tragic și amăgit.

AM DRAGOSTE

Epuizantă-i sălbăticia malefică
Înălţătoare-i cea curată
Colivia nu e eternă!

Plâng azi, poate chiar mâine,
Speranţa din ochii-mi trişti
Nu dispare...

De dragostea lumii am parte!
Huliţi-mă azi,
Poate şi mâine...
Dar roua dimineţii tot va apărea şi tot voi exista!

Dealuri şi văi tot voi privi
De dragostea lumii
Parte mereu voi avea.

MI-E DOR

Trandafiri de gheaţă îmbrăţişez
Să mă încălzesc de strălucirea lor
Deşertul mă înghite
Arşiţa copleşitoare mă face să suspin.

Mi-e dor de apă
Mi-e dor de Lună
Mi-e dor de umbră.
Sorbind din vorbele tale
M-aş regăsi la umbra unei sălcii.

POVESTE DE DOR

Ating pereţii reci,
Răsuflu anotimpul rece
Departe de paradisul nostru
Nu mai răsună nici râsul.

M-au încătuşat în turn
De-ai rupe vraja
Barajul înlănţuirii mele...
Palid de timp trecut
Nu mai alungi nici zarea-ntunecată
Cu strigătul tău
Distruge spinii ce-mi împrejmuiesc încheieturile.

De grindina ce-mi inundă cavoul, fereşte-mă!
Aleargă spre mine
Fii neoprit!
Erou al lumii
Cu mine colindă lumea-ntreagă!
Palatele să-mi oglindească ochii!
Glasul tău să-mi vindece rănile însângerate!

Descântă-mi cu frunze veştede,
Redă-le viaţă
Cu lacrimi stinse de scrum.

TINEREȚE GONITĂ

Tinerețea-mi goneşte ca nebuna
Oh, de-aş putea o clipă s-o opresc,
Să-i spun ce mult mă doare!

Nu vreau să plece,
Eu o iubesc
Ea mă goneşte,
Nu înţeleg!
Cu drag o-mbrăţişez,
O chem din drum, cu dor
Nu vrea să vină.
Mă lasă-n agonie!
Fuge-n valea de pieire.

Caută fragedul timp
Încălzeşte-o cu raze
Clăteşte-o cu roua dimineţii
Spre locuri umbrite şi reci se-ndepărtează
La strigătele mele e surdă
Oh tinereţe, nu mai fugi către sfârşit!
Mormântul nu mi-e gata,
Nu mi-l grăbi chiar tu
Îmi poţi lăsa neofilită tinereţea!

Amintirea ei îşi pierde strălucirea
Grăbită de vreme pluteşte-n derivă
De vârtejuri pe veci va fi-nghiţită!

ETERNI ÎN NOI

Etern eşti tu în mine
Dar oare sunt şi eu în tine?
Aceeaşi miraculoasă frumuseţe
Pe zi ce trece creşti şi te-mpleteşti cu mine.
Mi-e sete să colindăm ca-ntotdeauna
Drumuri formate pentru noi.

Eşti primăvara mea
Dar oare sunt şi eu a ta?
Eşti sâmburele ce-a rodit în mine
Şi-a înflorit izvoare neîntrerupte.

Mi-ai dat aripi de-ncântare
Dar oare ţi-am dat şi eu ţie?
Trandafiri şi spini mi-ai dăruit
Şi-n ciuda a tot
Îndulcita dragoste eu ţi-o închin
Dar oare şi tu mie?

ÎN BĂTAIA VÂNTULUI

Am obosit...
Nici buzele nu-şi mai rostesc... tăcerea...
Rămân o umbră,
Obrazu-i trist
Şi ceru-i gol
Dar oare este doar un vis?
Mai am oare sens?

Mă leagănă vremea
De nicăieri către ici-colo,
M-asemăn cu o frunză
Ce-odată ruptă de-al ei ram
Bătaia vântului o duce în jos
Uscând-o.

POVESTE

Îți cânt o poveste...
Povestea călătoriei mele.
Ce zile lungi și grele
În chinuri și amărăciune am pășit
Cu disperare să mă feresc eu căutam
La colț, primejdiile simțeam cum mă
pășteau.

Când revedeam copacii, parcurile
Dorul meu reînvia
Un singur gând mai rămânea.

Alții-și visau sfârșitul
Eu, doar începutul.

Dar trupu-mi ostenit de griji și jale
Căuta ieșirea din exil.
În bezna ce mă învăluia
Simțeam cum chipul împietrit mă spinteca,
Ecoul harpei m-atrăgea.

Oceanele de frunze uscate
Învioara sufletul împânzit de chin,
Ce tânjea după comoara pământească
În împărăția valurilor visa să se piardă.

VRĂJIŢI DE MĂREŢIE

Închid ochii fermecată de vraja ta
Mă-nalţ spre stele!
Nevoie de tine am
Spre înălţimi să-mi porţi pasul!
Alintă-mi somnul
Peste tine voi veghea!
Când vei călca pe ţărmul neatins
Mângâia-ţi-oi tălpile la flux şi la reflux
Briza murmurându-ţi iubirea infinită.

Închide-ţi ochii...
Înalţă-te cu mine!
Flăcările nu te vor ajunge,
Luna ne va lumina
De strălucirea nobilului Univers
Uimiţi să ne trezim!

LOC DE VECI

Crezi că mă tem de tine?
Pe arşiţă m-ai umilit
Şi-n cer m-ai biciuit.

Chiar de tiran tu ai fi vrut să fii
Arată-ţi faţa!
Toţi o sfârşim în loc comun.
Ţărâna ta sau chiar a mea
Deschide-ţi ochii, va fi doar una!

Nu voi jeli pentru blestemul ce l-ai pus pe
                              capul meu,
Tu singur îţi grăbeşti sfârşitul
Amar şi trist şi crud.
Soarta mea, acelaşi ritm îl are
Aceeaşi esenţă poartă.

În mine port libertatea
Frumoasă odihnă va fi finalul meu,
Nici chiar atunci eu îngrădită nu voi fi!

Voi bântui pământul
Şi mă voi bucura mereu de tot şi toate!

ORBIT DE JUDECATĂ!

De ce mă judeci după vârstă?
Nu vezi că n-am niciun statut?
N-observi ochii-mi amari?
De ce crezi că anii mei spun totul?
Chiar crezi că poţi citi?
Orbit de ziduri ai ajuns să fii!
Dar cât te-nşeli...
El e de partea mea,
De partea lor eşti tu...
Dar nu mă tem!
De ce m-aş teme când am susţinerea
Supremă?
Iar tu... doar ce-i efemer?

Ţi-e teamă pentru că nu vezi?!
Eşti prea orbit!
Clăteşte-ţi ochii cu lumină,
Purifică-ţi înăuntrul...
Cu roua dimineţii!
Te-ai înnegrit cu amarul ce te-nconjoară
Şi te-ai pierdut
De nu mai ştii de unde începe
Şi unde se termină făţărnicia...
Sufletul ţi-l cruţ de amar şi de blesteme
Şi-ncep să te iubesc...
Om orb, lipsit de-orice curaj!

MAGIE DISPĂRUTĂ

A dispărut magia vieţii
Mi-au dispărut puterile!
În umbră am îngenuncheat
Căutând lumina,
Simţi lipsa sclipirii mele?
Goliciunea din mine o vezi?
Înger păzitor mai speri să-ţi fiu?
Să mă descătuşez crezi că voi reuşi?

Lanţurile celor orbi mă împovărează
Întunericului, lumina o voi putea aduce?
Voi reuşi eu oare să aduc sunete de libertate
printre noi?

Simţi lipsa ciripitului păsărelelor la răsărit?
...al foşnetelor frunzelor din bătaia vântului?
...al izvorului ce susură şi printre degete-l
pierzi?

Cine mai caută frumosul?
Cine-şi aminteşte de mersul lumii?
Adună-n tine Universul!
Adună razele, să poţi să fii găsit.
Odată ce-ai fost strivit de scânduri şi pământ,
Să te găsim, să te salvăm din ghearele
întunericului.

SENTIMENTE CULMINANTE

Furia ți-a incendiat sufletul,
Speranța mi-a invadat mintea
Jungla te-a pus pe fugă către nicăieri.

Acum suntem aici,
Orice fiară poate ieși din orice colț.

Anotimpuri în mine se perindă
În tine-i vijelia mâniei tale profunde.
Surâd amar privindu-te...
Te-ntuneci simțind seninătatea mea!
Trăiești în agonie
Căci eu iubesc
Și tu urăști!

ECOU DE DURERE

Nu mi-ai însemnat mormântul
Nu ştii nici când, nici ce final eu voi avea
Plânsă sau nu
Al meu va fi locul...

Tu loc de mine n-ai avut
Peste dreptate te-ai impus
Căite-ar pentru greşeala ce-ai făcut-o
Înainte de plecarea ta.

Ca şi tine, o simplă trecătoare sunt
Etern, amarul îţi va fi
Nedreapta povară pe umeri mi-ai lăsat.

Mi-e dor de toate
Mi-e dor şi doare...

Timpul e nesfârşit,
Aş hiberna ca ursul
În bârlogul meu uitat de lume
Cu toţii mişună şi zumzăie
Cât de pustiu e totuşi totul.

Ochii-mi trişti înfruntă vântul aspru
Corpu-mi suportă înţepăturile de frig,
În cuburi de gheaţă parc-aş fi pusă
Arcuindu-mă de durere
Se aude ecoul: „Nu mai pot !”

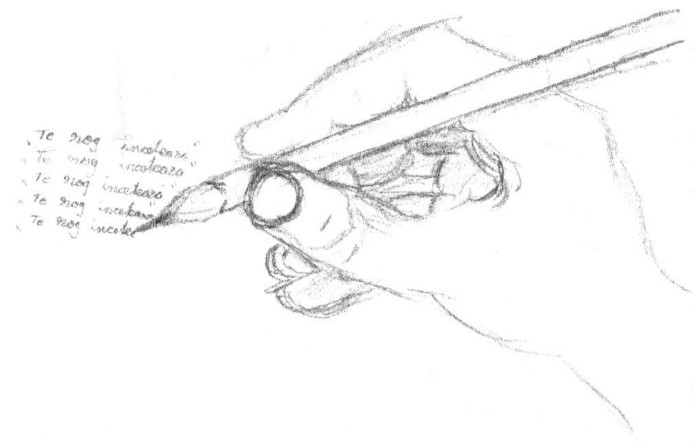
„ Te nog incoleoro "
„ Te nog incoleoro "
„ Te nog incoleoro "
„ Te nog incoleoro "
„ Te nog incole

SCRIIND SUNT SALVATĂ

Când scriu sufletu-mi plânge
De ce să vezi ceea ce simt?
Mă doare şi-i frig
E frig şi-ntuneric
Iar ochii mă dor
Mă dor de tăcere.

Mă doare şi tac
Şi scriu neîncetat.
Rugina pătează hârtia
Paharul umplut e de timp
Şi eu tot mai scriu.
Cuvintele încă mai dor
Ecoul lor tot mai vibrează
Şi strig în tăcere: Te rog, încetează!

AMALGAM DE TRĂIRI

Cu sârmă ghimpată tu mă sugrumi
Ce trist mi-e chipul umbrit de amor
Asfaltul e ud, peretele rece
M-ascund după zid.

Uscat trandafirul, îl caut mereu
Culoarea îi mai dă viață.
Mascat-aș vrea să fiu cu petalele ei
Panglici de muzică să port mereu.
Și-n ritmul de dans
În timp să plutesc,
Ademenit să fii de mine
Și-n ochi să mă privești!
Cât căutăm semnale
Și lin, noi să ne pierdem în zare.

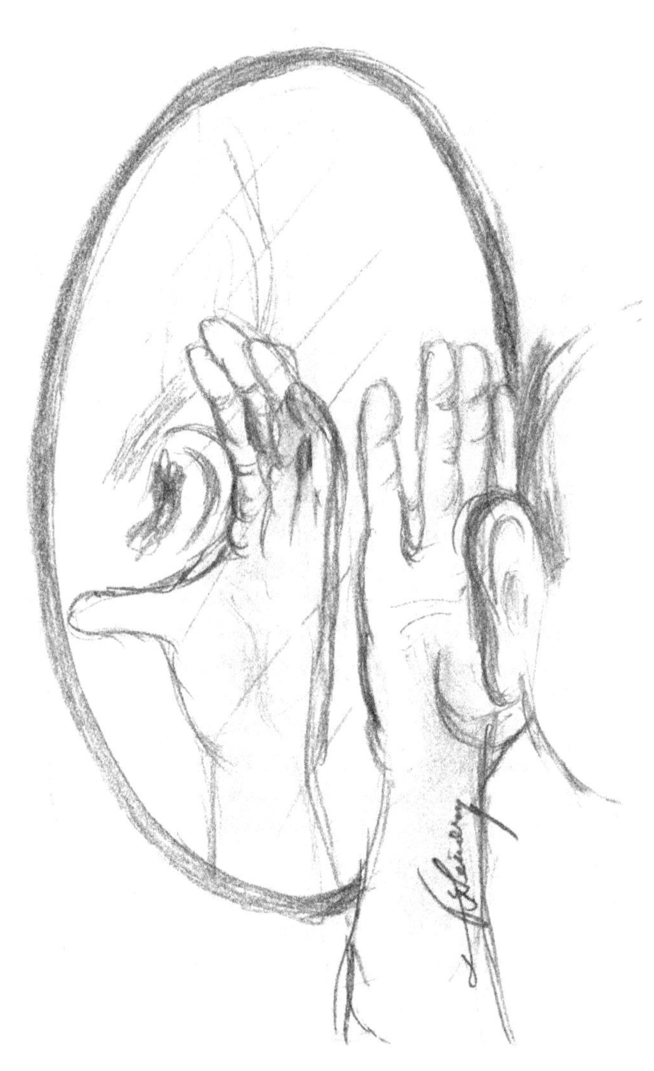

VARĂ AŞTEPTATĂ

Prezentul de sticlă umbreşte trecutul
Ochii-ţi sunt orbi,
Oglinda n-o vede.
Pianul n-alintă nici azi şi nici mâine
Urechea ţi-e surdă!

Întreaga ta viaţă cu vâsle o-mpingi
Fiorul durerii în oase îl simţi
Şi dorul te taie în mici firmituri
Şi vitrega moarte se-apropie ca umbra.

În ceaţa din zori
Un abur amar, sufocă tot gândul
Absent pe cer, raza dispare
Iar gândul meu aşteaptă vara...
Ce nu mai apare.

MOMENT OF EXISTANCE

All I want
Is you to crush my world into thousands
of particles...
Break my world with your existance!
I am nothing in this place,
While all are passing by...
Why? I wonder.
I'm just frightened of our existance
They've interfered and destroyed our world
We can't stay forever now...
We're just wondering around,
Through the foggy life waiting for the moment,
That special moment without strange faces,
                            strange voices
Just that unique moment when your touch
Will a sure me over and over again
That you and I still exist
Will we?
Or will it be nothing?
Just another abandoned soul
Lost in the fake world
Another body which hurries to catch the end...
Who'll suffer more?
I? You? Us?
With our solitude that surrounds us?
Still... our place is in a single heart...

ULTIMA SEARĂ

Ultima seară, ultima din şirul vieţii
Înainte de-a pleca
Ţi-am sărutat lacrima
Şi tu pe-a mea
Umărul îţi atingea pieptul
Iar degetele, chipul...

Ultima seară, ultima din viaţa noastră
A fost cea mai grea.
În urmă noi ne tot uitam
Până ce am dispărut în beznă.

Mi-ai fost lumină şi speranţă
Mi-ai fost floare, buruiană
Mi-ai fost lacrimă şi viaţă.

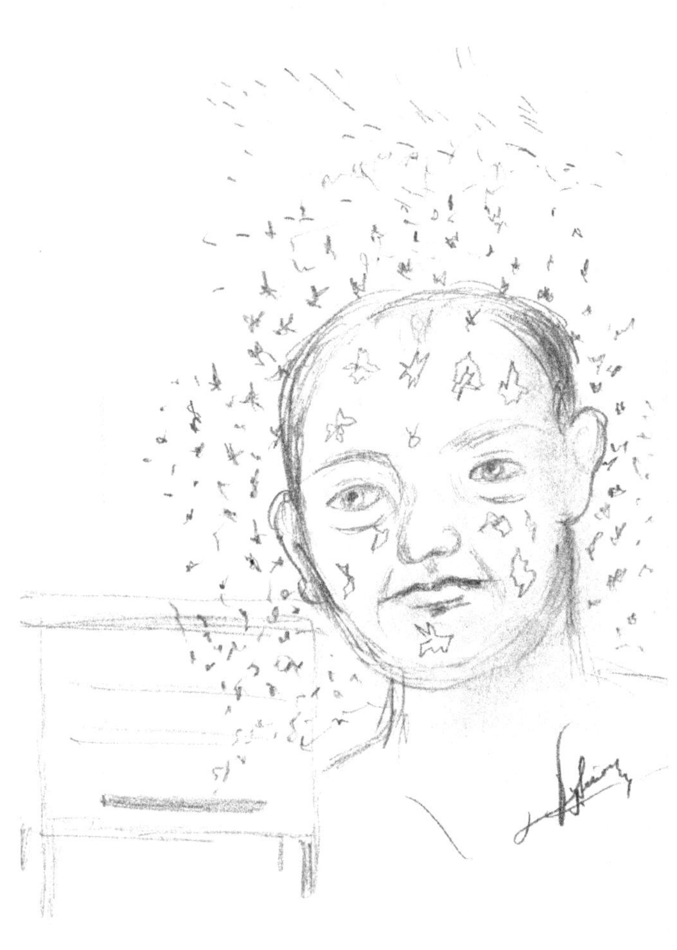

OBRAZ CICATRIZAT

Vibrăm ca şi stupul,
Dar miere nu dăm
Văzuţi ca şi ciuma cu toţii suntem.
Lucim doar în zi
În beznă ne-ascundem
Şi ruga-nălţată oricând va ajunge.

Huliţi noi vom fi
Amar e şi gândul
Pe veci îl vom căra
Povara ne-aşteaptă
În jos ea ne ia.

Umpluţi de lumină
Vibrăm ca albina
În ritm de ecou
Cerşim biruinţa.

Umili, cocoşaţi
Goniţi de o lume,
Ne-ascundem obrazul
Pătat şi ridat!

Dar Tu, ştiind adevărul
Cicatricea-o vei şterge
În faţa Ta, niciodată nu ne vom mai teme.

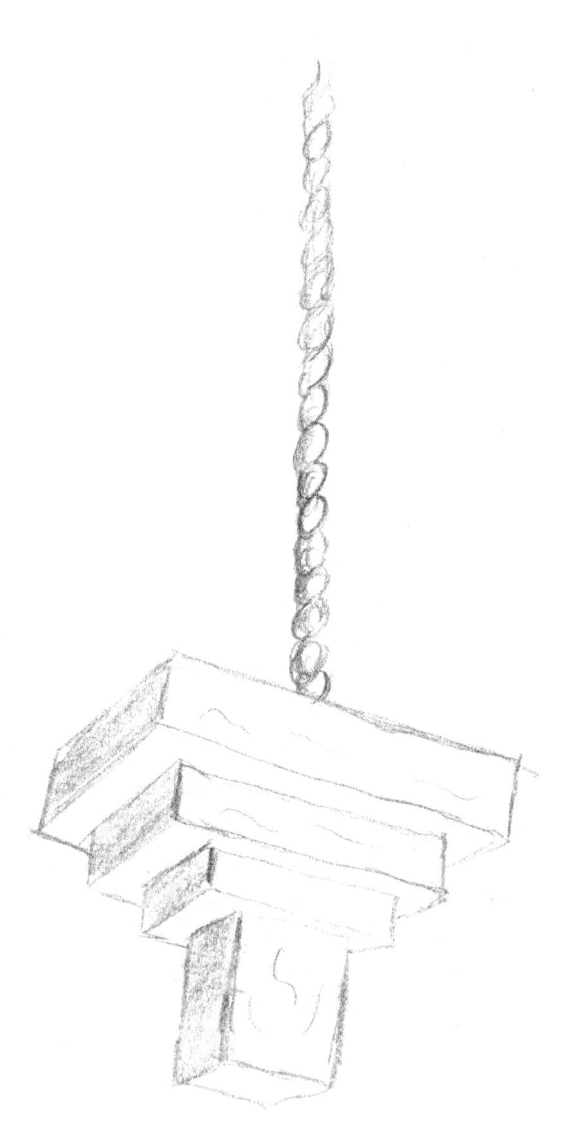

SALVARE

Picioarele grele se împiedică-n fum
Fragile-s sfâşiate-n scrum
Lacrima-ncălzeşte trupul uscat
De dor şi de timp,
Putrezit a-nviat.

Durerea îşi plânge
Nedreptul trecut
Ce ştie prezentul?
Schingiuit e de mult!

Alunec în haos
Mă rog să Mă scoţi
Tu-mi ştii adevărul
Alungă-mi necazul
Pătat mi-e obrazul
Adu piedestalul!

AȘTEPTARE NESFÂRȘITĂ

Uraganul din zare
Povestea a adus
Iar astrul din noapte
Focul a stins.

Mintea de plumb
În abis s-a scufundat
Iar viața trăită
În vis s-a-necat.

Minute mai sunt
Să-nvie și noaptea
Privirea mi-e ștearsă
De toamna târzie.

La somnul adânc eu visez
Ce-ntârzie să apară
De vară mi-e dor!
Căldura să vină!
De frig am să mor!
Dar ea nu mai vine!

AŞTEPTÂND DIMINEAŢA

Străini sunt în doliu
Cuprinşi de durere
Îmbrăţişăm eternul pustiu
Şi singuri, cu greu noi păşim.

Ce duh să ne-aline?
Pulsează văzduhul cu lacrimi de înger
Nostalgia de frunze uscate un idol aduce.
Deşertul mi-e raza spre care-aş porni
În beznă firu-l despic
Din bolta cerească adus.

Mă leagăn în grota uitată
Iar ochii-i deschid dimineaţa
Măcar roua s-aducă uitarea.

ADEVĂR ÎN AȘTEPTARE

Peisaje despicate-n culori
Mă inundă cu blândețe
Renasc, mă ondulez în scris
Vrăjesc prezentul cu speranța salvată de timp.

Ochii de sticlă privesc încruntați
Spre pietre nemișcate.
Amprenta-și spune cuvântul
În lutul cernut, dar nevăzut.

Mă fascinează raza ascunsă-n noapte
Abrupt e drumul cel drept.
Mereu rătăcesc să nu mă pierd de el
Tiranică-i viața, în gheare ea te prinde
Și victimă-i vei fi!

Lasă lumina să iasă din tine
Amprenta reală, în zi ea se vede.
Din lut victima scapă
Cu toții vedeți apoi adevărul.

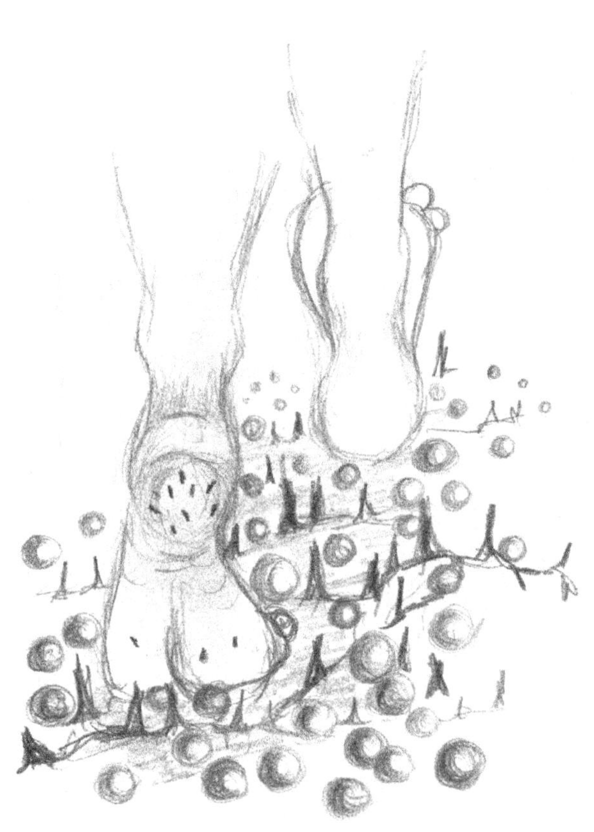

TRAVERSÂND ANII

Traversez anii păşind pe spini
Trupul metalic în lut se transformă
Fărâme din mine se scutură-n timp
Mărturisindu-şi forma desfigurată-n frig.

Nici paznic nu mai pot să fiu
Al scâncetelor de copil.
Privirea e de sânge,
Nici focul nu mai încălzeşte...

Silaba gândul tachinează
Învelit în mărgele de sticlă
De amintiri mă ancorez
Paşi de faraon încet urmez
Către cetatea înfrântă de iceberg...
... mă îndrept
Flămânzi de dragoste,
Ne spulberăm.

SFÂRŞIT AMAR

Amar şi trist î-mi trece timpul
Un viitor prezent trecut
Ce nimeni n-a putut vreodată
Să mi-l aline c-un cuvânt.

Ce dureros să-mi treacă timpul
Iar nimeni să-l poată readuce înapoi
Privesc cum tinereţea mea frumoasă...
... se-ascunde într-un butoi.

Atât de trist e timpul, amintire
E trist să văd sub ochii mei
Îndepărtarea mea dintre cei vii
... şi-ncet dispar
Pe-un drum nesfârşit şi-amar.

CÂUTÂND RĂBDAREA

Valuri de venin mă-neacă
Existenţa se rostogoleşte-n subteran
Ascult parfumul harfei pierdut în depărtare
Mă dispersez ca fumul în disperare...
Răbdarea dispare în hârtie
M-acopăr cu cenuşa de carte,
Sub ruine alerg exorcizată
De scoarţă mă-mpiedic
În căutarea răbdării alerg
Profanatorul din piept mi-a smuls nemurirea.
Privesc şi-ating veşnicia
Să mă cuprindă răbdarea!

TIMPUL ÎN MINE

Sfidez trecutul!
Lovesc prezentul!
Absorb viitorul!

Alerg spre cochilia milei
Să mă răsfăț în liniștea efemeră
Pedepsiți-mă acum,
Sunt protejată!

Ca somnambulii prin viață hoinăriți
În subterane vă ascundeți,
Transparentă-i a mea viață
Cutremurați-vă când o vedeți...

De ce-aș fugi printre morminte
Când al meu în liniște mă așteaptă?
Ochii mei limpezi nu-și pun bariere
Ceața-i șterge, să vedeți cu claritate
Nedreptatea ce-n spinare mi-a fost pusă!

SCLAVI AI LUMII

Sclavă a nedreptăţii am fost
Dar sclavii ei cu toţii suntem,
Clişee din scutece voi învăţaţi să spuneţi
Adevărul uitaţi să-l mai rostiţi!

E foame de melancolie, de rugi şi de îngeri
Vă pierdeţi în negare, curajul dispare
De măşti ne sufocăm şi de orgolii,
Scurtăm drumuri, ne pierdem în labirinturi.

Sub mormanele de laşi noi dezgropăm
Comori nu vom descoperi
Doar foame de adevăr şi multă suferinţă
Ascunse-n spatele unor decoruri
Cu flori şi zâmbetele presărate.

NO LIGHTS

When the lights are turned off
You cross my mind...
You're far away
Going through life without me.

I regret every moment that passes by
When you're not around.
I hope this is just a dream
And I'll wake up next to you
Facing this world together.
After you turn on the lights.

MULȚUMESC CĂ EXIST!

Cu umeri grei mă duc alene la culcare
Dar dimineața începe-o zi de mulțumiri.
Și-Ți mulțumesc pentru această nouă zi,
O zi în care-s vie, iubesc și sufăr
În care simt timpul, greutatea, bucuria
Te iubesc necondiționat dinainte de-a exista...
Eu...
O fărâmă din Universul Tău!

Frumos și mulțumitor e gândul
Că fac parte din Veșnicia Ta.
Și-Ți aparțin dinainte de a exista
Frumosul în mine Tu ai creat
Lasă-l să fie! să pot fi
Întotdeauna aproape de Tine.

CITIND POVESTEA

De-am măsura câţi ani noi am pierdut,
Ce şubred timp amar rămas în urmă...
De-am măsura cât frig şi întuneric
Singuri am înfruntat
Ne-am regăsi sub aripi de îngeri
Trişti şi-nfriguraţi.

La sfeşnice de lut,
Răbdarea putrezită noi o-ncălzeam
Prinzându-ne de sticle, prăpastia ne
chema
Dar resemnaţi,
Înspre durere alunecam mereu.

Şi adânciţi în rugăciuni
Descumpăniţi noi tot speram
Că într-o zi templul de dor
Ne va aduce ca-ntr-un desen
Vrăjiţi la rădăcina unui copac...
Obrazul pe umărul tău proptit să stea
Copilăresc tu să-mi citeşti
Povestea şi rugăciunea mea.

TIMPUL PENTRU RUGĂCIUNE

Spre Orient îmi fuge gândul
Sub palmieri şi soare să mă plimb
Heejab strălucitor să port
Şi chipul a portocali să radieze.

Piciorul pasul să-şi plimbe
În ritmul zornăitului, brăţărilor de aur...
Şi-n liniştea de seară
S-aud ecoul rugăciunii.

Pe pământul roditor să-ngenunchez
Fruntea de pământ eu să-mi proptesc
Sufletul şi mâinile vrăjite să se-nalţe
Căci Dumnezeu e Mare
Şi-ntreaga măreţie e a Lui!

În noapte la El eu am strigat
Cel care Raiul cu Aur A poleit,
Prin vânt şi soare M-ai dezmierdat
Cu foşnetul de frunze Mi-a alintat auzul...

E ora rugăciunii,
... şi gândul mi-e departe...
E ora rugăciunii!

DE-AȘ FI

De-ar fi să fiu un mamifer al apei
Ca o balenă ucigașă
Să mă scufund în adâncul mării,
Cu natura să mă contopesc
Prin valuri să-mi pierd urma,
Algele să-mi mângâie pielea
Să înot fără-ncetare.
De neoprit să fiu
Să mă aventurez cu creaturile lumii
Iar liniștea din ape să mă alinte
De dragostea imensă să mă bucur
Oceanul darnic ne desparte.

De-ar fi să fiu o acvilă
Să pot vedea întreg Pământul
Ce ochiul nu poate vedea
Privirea mi-aș clăti-o cu splendorile lumii
Și-aș străbate întregul univers.
Dar totuși sunt un OM
M-aș bucura de tot ce cu o vorbă a fost

creat

Și alături de Tine aș vrea să devin un

înțelept.

PACE ÎN NOI

Să pierd un timp sau doi
Să pierd gândul cu care
Eu zi de zi îl înrădăcinez în noi
Cum trece totul și într-o clipită
Ți-aduci aminte?

Pace ție
Dar parcă plouă
Parcă pacea din împrejur
S-a ascuns pe după ramuri...
Și-a devenit proaspăta rouă.

MEREU EŞTI

Ce bine c-a trecut ziua de ieri,
Ce bine că a-nceput o nouă zi,
Mă bucur că azi o tablă nouă încep să scriu
Şi ieri a rămas, o zi de ieri.

Cu vervă-ncep o nouă zi
Cu gândul tot la cea de ieri
Tristu-mi gând, întipărit îmi e în minte,
Cu bucurie mi-aş eradica un gând.

Totuşi, o teamă port
Că poate azi, va fi ca ieri.
Şi, faţă nu ştiu dacă-i fac.
Dar Doamne,
Tu să-mi dai putere
Şi-nţelepciunea să o am.

Temându-mă de ce va fi,
Iubind tot ce mă-nconjoară
Te rog,
Oh Doamne, Tu să-mi fi
O călăuză-nălţătoare.

Tu ştii necazul meu
Atât de ieri, cât şi de azi şi mâine,
Ghidează-mi trupul încotro s-o ia
S-ajung curând la cei mai dragi.

Umil mă rog 'naintea Ta
Nu vreau palate sau alte cele,
Vreau doar să-nvălui trupu-mi neînsemnat
În sănătate şi putere.

Ce bine c-a trecut ziua de ieri,
Eu sunt doar trecător de rând
Un pelerin înfricoşat.
Dar Tu Eşti Cel ce Va rămâne
Mereu şi azi şi ieri şi orişicând
Pentru că
             Tu eşti.

DE ZIUA TA

De ziua ta nu-s lângă tine
Cadou ca alte dăţi nu pot să-ţi fac
Dar inima ţi-o dau în dar.
Al sufletului cheie tu îl ai
Şi lacătul demult mi-ai pus la el,
Al tău întreg îţi aparţine
Să faci tot ce ai vrea cu el.
Dar eu în dar de ziua ta
Un " La mulţi ani " e prea puţin să-ţi dau.
În schimbul neprezenţei mele
Ia-mi inima şi fă ce vrei cu ea,
Din anul care vine
Mereu ne vom veghea.

ÎNGER FĂRĂ NUME

*Tu ești un înger fără nume
Din umbră veghezi asupra mea
Și mă întrebi de îmi e bine
Dar eu nu pot să-ți spun că da!*

*Aș vrea să tac și să nu-mi ceri
Să îți răspund la ce nu știi.
Nu e nici timpul, nici prezentul
În care tu și eu să fim.*

*Îți văd privirea-ntrebătoare
M-ascund de ochii-ți binevoitori
Nici eu, nici tu
N-avem curajul să ne spunem încă
Tot ce pe suflet noi avem,
Lipici pe buze să ne punem.*

*Doar știu ce sânge zace-n tine,
Ce culmi visezi în viitor s-atingi.
Tu, înger fără nume
Umerii ți-i dau în dar
Și mulțumindu-ți existența
Te-nalți spre cer... iar eu rămân.*

*Cum aș putea uita
Povara ce mi-ai luat cu mâna ta?*

Umbletul mi-ai uşurat
Tărie şi curaj mi-ai dat!

Înger fără nume!
Fără să spui, ai apărut
Rămas-ai în trecutul adus de prezent
Şi-n viitor vei fi la fel!

AI FOST SAU POATE NU

Nu poţi fi mai mult decât ceea ce eşti
Un martor simplu, efemer al vieţii mele.
Ce ieri ai fost, dar nu ai fost,
Ce astăzi eşti sau poate nu,
Iar mâine, de vei fi,
Mirat-aş fi să mai rămâi.
Căci timpu-i gol şi-am înlemnit,
Dar tu în veci nu ai privit
În urma ta ce urme laşi.
Prin galaxii uitate eu trupu-mi plimb
Şi-adulmec mirosul vieţii mele.

ANOTIMP PIERDUT

A dispărut anotimpul
Plutește-n aer un praf îmbâcsit
Mereu tresar de atât' bâzâit.

Ce groază și teamă trăiesc zi de zi,
Oroare, repulsie de tot ce-i în jur
Dar locu-i prea strâmt!
Ferestre umbrite de gard
Murdar pare totul... te lasă uitat...

Iar timpul scârbit
Aduce duhoarea de beci
Pe-un hol întunecos și rece.

Vacarmul de voci
Se pierd treptat în zid
Iar mâini din diferite lumi
Ating pereții pătați.
În spatele slinoaselor uși
Se-ascund fețe pătate de întuneric.

În bezna din beci
Adâncul și soarele dispar
Nici cerul nu mai are culoare
Parcă totul trage să moară.

Focul s-a stins
Văgăuna a prins viață.
În timp ce eu decad, fără speranță.

CONFESIUNE DE DRAGOSTE

De-aş şti să îţi strig numele
M-ai auzi? M-ai înţelege?
Împovărat de ani ai alerga la mine?

De m-ai găsi,
M-ai recunoaşte?

De ani, umbrit-aş fi
Privirea mi-ar fi goală
Speranţa... moartă.

Şoptindu-ţi vorbe-ai auzi?
Mi-ai asculta ritmul rugăminţii înaintea
prăbuşirii?
Palmele le-ai odihni lâng-ale mele.
Chiar de ar fi reci şi uscate?
Te vei feri când pasul meu încet te va
căuta?

Cerul mi-e martor...
Stea îţi voi fi,
Pe veci te voi călăuzi
Mereu te voi iubi!

INIMA ÎNVINGE

Inimii să-i dai crezare
Lasă căldura s-o învăluie!
Timpul ascuns în vizuină
A uitat tot ce știa!

E prea înghesuit de suspine
Mintea obosită de căutări
Se lasă prădată!
Fanteziile inimii cuprind infinitul.

CURAJUL E IUBIREA

Răsăritul cuprinde vizuina.
Simt magia vieţii,
Minunea existenţei e însăşi nepreţuitul
                    sentiment.
Întreaga omenire are astfel sens.
Frumoasa iubire
Netemătoare de finaluri,
De războaie sau cutremure.

În numele ei, întregi generaţii
S-au nimicit
S-au aliat,
Au trăit ori au murit!

Întreaga existenţă are sens
Făcând omul viteaz sau laş
Camarad sau inamic.
Abandonezi sau lupţi?
Rostul tău tu ţi-l alegi
Al meu e doar unul: IUBIREA.

COPACUL MEU CU FLORI

*Copacul meu cu flori tu eşti
Ce ani de-a lungul la tine am visat,
Cu frunzele şoptind tu mi-ai vorbit
Cu rădăcinile m-ai îmbrăţişat.*

*Prezentul de sticlă s-a sfărâmat în cioburi
În zile umbrite tu gândul mi-l adii,
În ritm de vers cu foşnetul de flori
Îmi săruţi tâmpla ce simte un fior.*

*Ce limpezime-n duh
Şi ce poeme-mi inundă
Melancolie respir
Pe cumpănă umblu.*

*Neştiut e destinul
Nevăzut e mormântul,
Copacul cu flori mi-este soarta
La poalele lui stau să dorm.*

TE IUBESC

Cu dragoste, în ochi te privesc
Cu zâmbete, dulce-ţi şoptesc.
Eşti roua mea dis de dimineaţă
Şi raza mea de soare
Pe-ntregul drum al vieţii.

Iar noaptea, când fruntea-mi pun pe pernă
În stea tu te prefaci şi tandru-mi săruţi tâmpla.
Şi-n vis, tu te strecori,
Dansând în ritm de harfă
Cu preţuire, ne spunem doar:
„ Te iubesc !”

IUBIREA CREȘTE ÎN NOI

De ce mă-ntrebi dacă mereu voi fi acolo?
De ce mă rogi să nu mă schimb?
Tu chiar nu vezi că-n lipsa ta mie mi-e greu?

Schimbarea-i iubirea ce crește în noi
Și dorul mă doare
În gând, pe tine te port
Zâmbesc, să nu mai tot plâng.

Tu-mi ești tristețea
Și-ntreaga fericire;
Când cerul are soare, tu ești
Când nimicul e in zare, ai dispărut.
De chipul tău blând mi-e dor
De dragul tău am să mor!

UNIVERS PENTRU NOI DOI

Marea mi te-a aruncat în cale,
Asemenea anotimpului scuturat de vreme.
Stranie e steaua ascunsă sub Lună
Astrul ascultă basmul spus de ridata bătrână.

Pierdută-n lăcașul de gânduri
Aștept să te apropii!
Universul creat pentru noi doi
Simte doar dorul de tine.

Ani la rând trist m-ai vegheat,
Plângând mereu eu te-am chemat.
Secundele noastre se-ndepărtau
În timp și spațiu, fluturau.

MĂ CHEMI ȘI PLEC

Mă chemi să vin la tine
Rostind ritmuri de harfă
Spre tine să m-aducă
Poeme calde-n noapte.

Mă chemi prin vidul lumii
Să umplu golul din ea
Cu pietrele stelare
Să lumineze orbii străini.

Mă chemi prin întuneric
Prin uragane chiar,
Să sorb dintr-o fântână
Cu ceașca, apa rece.

Mă chemi s-aduc la tine
Exemplul meu trecut
Să-nveţe chiar și orbul
Ce are de făcut.

Mă chemi strigând la mine
Petale scuipi în vânt
Stârneşti furtuni de aur
Războinic demn tu eşti
Eterna aventură
Cu mine s-o trăieşti.

Noi ţara ne-am iubit-o
Huliţi am fost de ea
Ce vină avem noi însă
De povara ce-i în ea?

Mă chemi şi vin la tine
Treptat eu mă dezleg
Mă-ndrept spre altă lume
Departe de patria mea!

TIMP AMAR

De ce ți-e ochiul pustiu când mă privești?
De ce să-ntreb atunci când tu clipești?
Îmi poți destăinui secrete-adânci...
Ce le-nțeleg când glasul e amuțit
Și gândul cu cărbune scrijelit.

Sicriu din cărți mi-aș face
Acoperă-mi cu rânduri tipărite, ochii
Parfum, hârtia să-mi fie...

Departe mi-e gândul
Departe de tot...
...unde-mi simt clipa
Mumia cu umblet întors
Și râsul amar
Fără sclipire-a rămas
Sunt alt trecător
Cu același sfârșit amar.

TRUP ÎMPOVĂRAT

Când dau să mă ridic
De pe genunchii-nsângeraţi,
M-apeşi pe umeri.
Accentuezi cu bucurie umilinţa la care mă
supui
Iar umerii-mi adunaţi 'nainte
Cu picioarele-mi tremurând
Mă rog pentru o minune...

Minunea în care Dumnezeu
Să-mi cureţe genunchii, alungându-le
durerea
Să-mi îndrepte umerii îngreunaţi de timpul
irosit departe
Iar bărbia s-o ridice-n sus încet spre El...

Altfel, sângele se scurge...
Genunchii, umerii, bărbia
Vor îmbrăţişa pământul
Nemairidicându-se vreodată!

US

I don't want us spending our lives
As if we'd want to catch the wind...
I want us living together
Just for each other
Dancing as leaves do,
Talking as birds sing
Loving as we do.

Our life starts with us
And ends with us
'Cuz if it was just you and me
It could have never been us.

MAGIE PIERDUTĂ

În trup împovărat de ani
Eu mă târăsc...
...mă sting ca o făclie-n ceață.
Doar timpul trece, eu tot îngenuncheată
                    și-nfrigurată sunt.
Mă-ntrebi de ce?
Oare inexistența mea cu ce ajută?

Intervenția lumii a amputat o parte din mine
Ruptura a provocat o decădere.

Ochii mei nu mai văd
Mâinile mele nu mai simt
Urechile mele nu mai percep sunetele
Simțurile mele s-au încătușat, dar încă nu
                    s-au cicatrizat.
Vocea mea și-a pierdut glasul
Magia din mine s-a evaporat.

Odată cu izbirea mea
De sunetele răgușite din jurul meu încă o zi...

PRIMITĂ-N VEȘNICIE

Ce înțelept ești Tu
De mică Mi-ai căutat
Sub veșnica-Ți veghe
Gândul Mi-ai alintat.

Mi-ai picurat cu soare
Din cer Mi-ai decupat
Petale de culoare
În suflet Ai băgat.

Și adăugând o harfă
În țeasta mea fragilă
Cadou Mi-ai dat un înger
Ca să dansez spre Tine.

Cu dragoste și fapte
Spre bolta cerului Tu mă ridici,
Mă ospătezi cu vise
Și-n nemurire lin Mă chemi.

Grădina cea de aur

M-aşteaptă în veşnicie
Urmez orbeşte paşii
S-ajung la perfecţiune.

Tu Ai creat întregul
Eşti totul pentru mine
M-aştepţi să vin la Tine.

Priveşte-Mă că vin
Scheletul meu făr' de culoare

VIAȚĂ PENTRU VIAȚĂ

*Dă-le Doamne ani din viață
Ia din anii mei umili
Egalează traiul nostru
Pe acest pământ meschin.
Dă-le ani să mă mai bucur de ai mei
                            părinți iubiți.*

*Norii parcă stau să plângă,
Sub ei suntem ca niște furnici.
Doar în Tine e puterea
Și minuni Tu poți să faci
Dă-le lor comoara vieții
Căci ai mei sunt neînsemnați!*

POVARA EFEMERĂ

Aş vrea să tac
Şi voi la fel să faceţi.
În linişte să trec păşind
Doar respiraţia mea s-aud.

Ce suflet greu târăsc prin viaţă
Cu bolovani legaţi de glezne...
Voi, ignoranţi ce nu vedeţi
Şi ce greşeli mi-aţi pus în cârcă.

Uşor a fost s-arunci cu piatra
Şi-n zid alt om nevinovat să bagi,
În timp clădeşti peste fragilul trup
Ziduri imense din bolovani.
Doar amintirile alungă viziunea unei lumi
fireşti.

Dar dragoste vă poartă
Chiar de în faţă i-aţi greşit,
O judecată chiar firească
O lasă-n mâna Celui de Sus!

MAMA ȘI TATA VEGHEAZĂ MEREU

Mama și tata din prunc au făcut
Om mare... cu trudă au crescut
În ochii lor, înțelepciunea sclipește
Oprește prezentul
Trecutul să vină-napoi!

Îngeri sunt pe pământ,
Călăuze ocrotitoare prin deșert!

...Încet se duc anii...

Cu ei adorm în gând
Când mă trezesc, îi văd:
Cu lacrimi ei îmi veghează somnul!

PĂRINȚII MEI

Viața-ntreagă voi mi-ați dat-o
De lume am fost ocrotită
În amintirea voastră mă învelesc
Cu parfumul vostru mă încălzesc.

Cu mantie de aur mă acoperă,
Strălucirea lor eclipsează-ntreg Pământul
Lumina din ei, mereu mă veghează
Sfinții părinți în mine vibrează!
În ei lumea-ntreagă aude ecoul
Iar ei sunt totul...
Totul, pentru că sunt părinții mei!

CUPRINS

Tiparul executat la Editura şi Tipografia
DAVID PRESS PRINT
Str. Şt. O. Iosif Bl. 8a
Tel. 0256/229121; 0741/142978; 0721/260532
e-mail: davidpressprint@gmail.com
www.davidpressprint.ro
TIMIŞOARA
ROMÂNIA